PETITE PHILOSOPHIE À LA MANIÈRE DES CHATS

GILLES DIEDERICHS

À LA MANIÈRE DES CHATS

LAROUSSE

SOMMAIRE

INTRODUCTION

Les chats sont vénérés depuis la nuit des temps.

Leur beauté singulière, leur regard mystérieux, leur zénitude contemplative sont des sources d'interrogation et d'inspiration infinies pour nous autres humains, et particulièrement les écrivains et philosophes. Sans compter qu'ils nous font du bien, avec la découverte plus récente des effets apaisants du ronronnement sur notre corps.

Vous allez découvrir, dans ce petit livre écrin, que le chat est en vérité un sage, adepte de la méditation, du yoga, du feng shui, de l'écoute de la nature... et de toute une philosophie de vie bien avant nous ! Laissez-vous guider par son savoir ancestral et exercez-vous à devenir Maître Chat !

« J'ai beaucoup étudié
les philosophes et les chats.
La sagesse des chats
est infiniment supérieure. »

HIPPOLYTE TAINE

LES 12 ENSEIGNEMENTS de Maître Chat

Maître Chat vous livre ici tout un art de vivre pour acquérir toujours plus de sagesse et de bonheur. Pour chacun de ces préceptes et de ces philosophies de vie, des exercices sont proposés pour vous aider à y accéder.

PRATIQUER LA MARCHE ZEN
pour vivre au présent

Maître Chat pratique la marche zen, pour lui c'est naturel.

Il se déplace avec fluidité et douceur, une patte après l'autre. Chacun de ses mouvements semble d'une grande précision. Il chaloupe et fait rarement marche arrière. Il sait poser son attention, se concentrer, ce qui lui permet d'avoir un contrôle complet de ses actions dans le présent. C'est ainsi que Maître Chat vit sa vie, en étant disponible à 120 %, sans se laisser distraire par ce qui n'est pas important, car il a appris que c'est dans l'instant présent que se trouve toute possibilité d'évolution. Ainsi prospère Maître Chat !

Prenez-vous le temps de marcher sans penser à autre chose que le mouvement de vos semelles sur le sol ? Et en respirant profondément sans être pressé·e et préoccupé·e par tel ou tel rendez-vous ? Libérez votre esprit et concentrez-vous sur le présent comme Maître Chat.

LA MARCHE ZEN DE LA PLEINE CONSCIENCE

Maître Chat avance une patte et prête attention à toute sensation, s'investit dans l'effort et reste souple quand il s'agit de retendre la colonne afin de changer de patte. Il est concentré sur ce qu'il fait, moment après moment...

En adoptant vous-même cette attitude, vous serez plus détendu·e et alerte, prêt·e à vivre votre existence avec intensité.

↠ Posez vos deux paumes contre votre ventre. Respirez doucement pendant quelques instants en vous concentrant sur votre ventre qui gonfle et qui se vide. Puis avancez en prenant conscience de chacun de vos gestes. Vous levez le pied droit... Cela entraîne la jambe, qui entraîne à son tour tout le côté droit de votre corps. L'épaule droite avance... Vous posez le pied droit par le talon... Cela oblige l'autre pied à se lever, vous sentez vos orteils encore en contact avec le sol... Puis la voûte du pied droit s'étale, avant que la jambe gauche avance à son tour... Vous êtes totalement investi·e dans l'ici et le maintenant, dans cette marche au « superralenti ».

» Pour vous aider dans cette marche en hyper conscience, fixez un point sur le mur en face de vous si vous êtes en intérieur, ou un arbre si vous êtes en forêt et concentrez-vous éventuellement sur votre respiration ventrale. Vous inspirez, le ventre sort ; vous soufflez, le ventre se rentre.

ENTRETENIR SON CORPS
pour être bien dans sa tête

Prendre soin de son corps au quotidien, c'est toute une philosophie de vie !

Avez-vous déjà observé Maître Chat se déplacer et faire son stretching ? Son corps souple et gracieux est parfaitement coordonné avec son esprit vif et précis. En prenant soin de son corps régulièrement, Maître Chat préserve son bien-être et s'évite bien des tracas. Il n'aura jamais de douleur au dos due à une mauvaise position et ne tombera jamais de son perchoir, car il a une maîtrise extraordinaire de son corps dont il prend grand soin.

Maître Chat sait que 25 % du stress provient de mauvaises postures corporelles. Aussi, pratique-t-il quotidiennement la motricité : assouplissement de ses poignets, étirement de ses pattes pour bien entretenir la « fine mécanique » de ses genoux, mouvements de droite à gauche des hanches pour assouplir le bassin, il profite même d'un saut ou d'une sieste pour étirer ses membres... Il peut s'étirer plus de 15 fois par jour, ce qui lui permet en plus de se débarrasser de toxines ! Maître Chat est ainsi devenu l'inventeur du tai-chi (gymnastique d'entretien corporel) dont se sont inspirés ensuite les maîtres asiatiques...

Pratiquez-vous de temps en temps des exercices de souplesse ou d'étirement pour éveiller vos articulations et prévenir les douleurs ? Prenez le temps de vous occuper de votre corps, comme le fait chaque jour Maître Chat.

LA SOUPLESSE EN TROIS ÉTAPES

Lorsque Maître Chat vous voit user vos poignets sur le clavier de votre ordinateur, le dos voûté, ou prendre un café au bar, le bassin désaxé, ses poils se hérissent !

Observez la manière dont il entretient ses articulations et coordonne ses mouvements, puis inspirez-vous-en ! Voici quelques exercices pour assouplir tout votre corps et gagner en sérénité :

» 1. L'échauffement

Debout, les mains croisées en l'air, étirez doucement tout votre côté droit en vous penchant à gauche et en inspirant bien. Revenez au centre en soufflant. Faites de même de l'autre côté. Concentrez-vous sur vos sensations et sur votre respiration, afin de ressentir chaque mouvement.

↠ 2. Devenez chat !

À quatre pattes maintenant, inspirez en sortant le ventre et en creusant le dos. Soufflez en rentrant le ventre et la tête, et en arrondissant le dos. En yoga, on appelle cet exercice « la posture du chat ». Faites cela 10 fois doucement. Puis passez vos bras en avant, remontez doucement vos fesses et étirez bien votre dos, lentement. Terminez en posant vos fesses sur vos talons, mains et bras en arrière, la tête posée sur le côté. Profitez pleinement de ce moment de relaxation féline...

➻ 3. Les articulations

Levez votre pied droit et faites-le tourner dans le sens des aiguilles d'une montre, puis dans l'autre sens, 1 minute de chaque côté. Faites de même avec le pied gauche. Puis tournez le talon de votre pied droit afin de bien articuler le genou droit, qui, lui, ne bouge pas. Changez de pied. Posez ensuite vos deux mains sur vos hanches et bougez le bassin de façon à former un cercle dans un sens, puis dans l'autre. Répétez ce mouvement 7 fois.

« Le chat signe chacune
de ses pensées
avec sa queue. »

RAMÓN GÓMEZ DE LA SERNA

ÊTRE À L'ÉCOUTE DE SES SENS
pour gagner en énergie et en efficacité

Maître Chat connaît l'importance de l'intelligence corporelle pour pouvoir agir au mieux avec le monde extérieur, faire les bons choix et ainsi favoriser une paix intérieure.

Les cinq sens de Maître Chat sont bien plus développés que ceux des humains : son excellente vision nocturne, son odorat cent fois plus puissant, son ouïe percevant trois fois plus de sons, et ses moustaches lui permettant de détecter les variations de l'air créées par chaque déplacement de ses proies, entre autres, en sont la preuve.

Maître Chat a conscience que ces qualités lui permettent, non seulement de percevoir le monde avec plus de précision, mais également d'appréhender tous les éléments qui l'entourent calmement, sans gaspiller la moindre parcelle d'énergie. S'il perçoit dans cet environnement sensitif un danger immédiat ou une opportunité, il pourra réagir instantanément : il aura évalué par avance l'ampleur de l'information et aura conservé son énergie pour entrer en action.

Vous arrive-t-il, comme Maître Chat, d'être à l'écoute de votre corps et des informations transmises par vos sens ? Prenez le temps de redécouvrir certains de vos atouts pour appréhender votre monde avec sérénité et efficacité grâce à l'enseignement de Maître Chat.

FAIRE LE TRI DANS LES BRUITS…

Nous percevons souvent notre environnement comme un brouhaha confus ou un fond sonore répétitif auquel on ne prête plus attention.

Ainsi, on ne distingue plus les éléments néfastes causant des migraines, par exemple. Maître Chat, en revanche, sait y piocher des informations essentielles et y réagir au besoin (s'éloigner d'un bruit désagréable ou repérer une proie en mouvement). En prenant conscience de ce qui vous entoure, vous arriverez à distinguer rapidement les éléments bénéfiques ou ceux néfastes et à prendre les mesures nécessaires en conséquence.

↠ Asseyez-vous dans votre jardin, au balcon ou à une terrasse. Écoutez d'abord tous les sons environnants : la tronçonneuse de votre voisin, le bruit d'une voiture qui passe, la voix d'un enfant... Imprégnez-vous de ces différentes fréquences, qui forment l'« enveloppe sonore » du lieu. Prenez conscience que tous ces bruits traversent votre corps, se promènent dans l'air...

↠ Passez ensuite aux sons lointains. Ne laissez pas les sons proches les couvrir et concentrez-vous, comme si vous pouviez projeter votre attention à la distance de votre choix. C'est ainsi que Maître Chat perçoit un danger ou un événement imminent...

↠ Puis amusez-vous à vous focaliser sur les sons graves, et après aigus, ou encore sur les sons pleins, creux, doux, stridents, rythmés...

« Les chats apaisent l'âme. Un chat n'a aucun souci, parce qu'il pense de manière intuitive. »

PAL GERHARD OLSEN

« C'est par sagesse –
et non par paresse –
que le chat dédaigne
l'agitation inutile. »

MICHEL TOURNIER

SE CONCENTRER SUR L'ESSENTIEL

Quand nous regardons un tableau, nous sommes souvent distrait·e·s par un élément qui nous empêche de voir l'œuvre dans son ensemble, de prendre du recul.

Quant à Maître Chat, sa grande capacité de concentration lui permet de mobiliser toute son énergie pour ne pas se disperser et de prendre le temps d'emmagasiner toutes les informations sans s'éparpiller. En voyant l'image dans son ensemble, vous garderez toutes vos forces avec apaisement. Vous vous sentirez beaucoup moins absorbé·e par ce qui vous entoure et serez donc davantage dans l'instant présent, dans l'ici et le maintenant.

↠ Placez-vous avec Maître Chat derrière une vitre, de façon à voir votre jardin ou la rue. Regardez ce qui se passe tout près de vous sans détailler la scène, sans vous arrêter sur quelque chose de précis, comme si vous faisiez un long travelling. Faites cela pendant plusieurs minutes.

↠ Attention : il ne s'agit pas d'être indifférent ou d'avoir les yeux dans le vide, bien au contraire. Votre cerveau vous présente une image, mais vous ne cherchez pas à vous en emparer, à voir de plus près ou à comprendre précisément. Maître Chat procède ainsi à vos côtés.

↠ Regardez maintenant plus loin et recommencez votre travelling, sans chercher encore une fois à vous focaliser sur quelque chose ou à analyser quoi que ce soit. Au bout de quelques minutes, recommencez en regardant le plus loin possible. Peu à peu, vous allez apprendre à ne percevoir les images, les mouvements, les sons, les couleurs que comme une information générale.

***« Le chat ronronne le présent.
Le chat est toujours
dans aujourd'hui. »***

PAUL MORAND

VOYAGER À TRAVERS LES ARÔMES

Nous sollicitons principalement et de façon souvent automatique notre odorat et notre goût quand nous cuisinons et mangeons ou en réaction à une odeur, à une saveur repoussantes.

Pourtant, Maître Chat nous montre encore qu'il y a énormément de choses à tirer des odeurs, il a lui-même une mémoire olfactive fabuleuse et peut retrouver son chemin grâce aux seules odeurs qui le composent ! Par l'extraordinaire richesse olfactive des épices et des aromates et à leur puissance évocatrice, vous allez pouvoir méditer. Les odeurs sont emplies de messages. Si vous avez un chaton, vous serez sans doute étonné·e par son envie de participer à cet exercice !

↠ Placez sur votre table de cuisine différents aromates et épices douces - au moins cinq de chaque (mais évitez le poivre !). Commencez par respirer calmement sans bouger. Les yeux fermés, placez sous votre nez une première épice. Sentez-la tranquillement. Évadez-vous de l'endroit où vous êtes. Le curry, par exemple, vous emmènera peut-être en Inde, la cannelle pourra faire remonter des souvenirs de tarte aux pommes… Voyagez tout en vous détendant.

↠ Passez maintenant à un aromate - le thym, par exemple. Peut-être son odeur vous transportera-t-elle jusqu'en Provence. Imaginez des champs embaumant à la belle saison…

PROFITER DU BIENFAIT
des ondes musicales

Maître Chat adore les bonnes ondes ! Il fuit les zones bruyantes, les gens dissonants qui vocifèrent, les musiques trop percussives... Tout cela affaiblit son potentiel, alors il ne s'y mêle pas !

Maître Chat est profondément mélomane. Il forme d'abord très tôt son oreille aux sons de la nature, saison après saison. Puis, il affine son ouïe en restant des heures à comprendre le sens des sons furtifs, tels ceux créés par les déplacements des souris, des frigidaires ou tiroirs à gâteaux ouverts par ses amis humains... Brahms et Mozart ont composé pour lui, alors il pratique le bain sonore harmonieux en exposant son corps au plus près des enceintes musicales...

Faites-vous attention aux sons et aux effets de la musique sur votre corps ? Maître Chat, pour sa part, est un musicothérapeute pour qui le son est un véritable message agréable ou non. Il construit son programme d'écoute en fonction de cela, faites de même.

MÉDITER EN MUSIQUE AVEC MAÎTRE CHAT

On dit que la musique adoucit les mœurs. Maître Chat perçoit encore mieux que vous la musique. Il est donc très intéressant de méditer avec lui en écoutant les morceaux que vous aimez !

» Choisissez des musiques différentes, mais sans trop de percussions : Maître Chat ressent leurs vibrations comme des agressions. Optez plutôt pour de la musique classique, de la variété anglaise ou française, des chants corses ou grégoriens, ou encore de la musique de relaxation. Le choix est vaste ! Choisissez toujours le même endroit pour écouter de la musique. Maître Chat comprendra alors que l'activité débute. Ne mettez jamais le son trop fort et équilibrez bien les graves et les aigus.

↠ Asseyez-vous confortablement et testez vos premiers morceaux. Commencez par de la musique classique. Fermez les yeux... Vous pouvez battre légèrement le rythme avec un doigt, Maître Chat apprécie que le tempo soit bien marqué ! Peu à peu, il va entrer en empathie avec vous, qu'il soit collé à vous ou un peu plus loin. Il va ressentir ce que vous-même éprouvez...

↠ Écoutez maintenant un morceau qui déclenche en vous des émotions fortes. Laissez-vous gagner par les souvenirs joyeux ou tristes. Maître Chat va vous apporter son affection à sa manière...

» Séance après séance, vous allez déterminer les morceaux que Maître Chat préfère, ceux qui le font le plus réagir… Vous pourrez alors partager avec lui de véritables moments de complicité. Et, cadeau suprême, lorsque vous en aurez besoin, vous verrez que Maître Chat viendra ronronner contre vous !

« Il y a deux moyens d'oublier les tracas de la vie : la musique et les chats. »

ALBERT SCHWEITZER

SE RELAXER
entre deux activités

Maître Chat utilise la moindre parcelle de temps pour se relaxer profondément.

Il connaît l'adage : 20 minutes de relaxation = 2 heures de sommeil. Aussi, alterne-t-il volontairement après chaque période d'intense activité (chasse, repérage, rencontres...) une mise en retrait profitable. Il s'isole, nettoie ses patounes et se plonge dans une micro-sieste voluptueuse. Tout est bon pour créer un sas de décompression avant de se réinvestir tout ragaillardi dans l'instant présent ! Ainsi, Maître Chat est toujours d'humeur égale et est capable de puiser dans ses ressources soudainement sans pour autant mettre en déséquilibre ses rythmes biologiques...

« Le chat est à nos côtés
le souvenir chaud, poilu,
moustachu et ronronnant
d'un paradis perdu. »

LÉONOR FINI

SOUFFLER POUR SE DÉTENDRE

En prenant exemple sur Maître Chat, donnez-vous le temps de vous relâcher et de pratiquer quelques courts exercices de bien-être pour préserver vos forces.

» Inspirez en ramenant vos deux mains au milieu de votre poitrine, puis soufflez d'un coup en les projetant en avant. Répétez 3 fois ce mouvement.

» Maintenant inspirez et soufflez lentement tout en penchant votre tête en avant, ensuite sur le côté droit, en arrière et enfin sur le côté gauche. Refaites la même chose de l'autre côté. Répétez 3 fois l'exercice.

↠ Terminez en montant vos deux bras face à vous de manière à former un cercle, tout en inspirant, puis soufflez en baissant les deux bras derrière votre dos et en faisant pivoter vos épaules. Répétez 3 fois l'exercice.

Après la chasse, Maître Chat aime se détendre les articulations des pattes, comme vous, lorsque vous lâchez enfin la souris de votre ordinateur ! Sans forcer, en ayant pleinement conscience de vos gestes, reproduisez les mouvements de Maître Chat :

↠ Serrez vos doigts puis ouvrez-les 5 fois. Enfin, en séparant le pouce des autres doigts, pliez vos poignets, posez les pouces écartés le plus au centre de la paume, puis écartez-les à nouveau en dépliant les poignets, 5 fois.

MÉDITER POUR S'ANCRER
et lâcher prise

Maître Chat sait combien il s'apaise et devient présent dans l'ici et le maintenant, dès qu'il pratique la méditation.

Pour cela, il commence par l'autohypnose, assis, la tête légèrement rentrée : durant quelques minutes, il inspire yeux ouverts, et expire en fermant les yeux. Parfois, ses yeux restent fixés longtemps dans le vague, comme s'il perçait des mystères.
Puis, il se balance sur chaque coussinet de ses deux pattes avant – un mouvement alterné qui met son cerveau en ondes alpha (comme en phase de pré-sommeil). Le balancement passe ensuite du corps penché en avant vers l'arrière,

imperceptiblement, et son regard se fige juste devant ses pattes, et là il laisse les pensées s'évanouir dans le grand ciel de l'esprit comme des nuages dans le ciel... Ainsi, Maître Chat est présent à tout, englobé dans l'expérience du grand cycle de la vie, tel un moine taoïste...
Ses manières de se poser sur un coin de canapé, de meuble, témoignent aussi de son désir de vous apprendre l'art du calme olympien et du détachement.

Avez-vous déjà pris le temps de méditer avec lui ? Il se peut que Maître Chat vous surprenne à n'importe quel moment de la journée en se mettant à méditer de façon inattendue, tout en relâchant pleinement son corps.

LEÇONS DE ZÉNITUDE

Maître Chat maîtrise à la perfection l'art de la méditation. Assis, il peut rester de longues minutes, les yeux mi-clos, à songer au monde qui l'entoure.

Soyez sensible à ce qu'il vous fait passer comme message !

↠ Si Maître Chat est déjà positionné, placez-vous doucement à côté de lui. Si ce n'est pas le cas, amenez-le dans un endroit qu'il apprécie particulièrement (un fauteuil, le canapé du salon...). Il peut aussi bien être sur vos genoux que collé à votre ventre. Laissez votre regard se poser juste devant vous, au sol. Faites comme Maître Chat : il ne bouge pas et reste totalement concentré sur ce qu'il vit à l'instant présent. Pour ne pas se laisser envahir par ses pensées, il utilise sa respiration. Imitez-le.

↠ Maître Chat se concentre sur l'air qui entre et sort par son museau. Faites de même. Si des pensées surgissent, ne les suivez pas mentalement. Revenez à votre respiration, concentrez-vous sur l'air qui entre et sort par votre nez. Au bout de quelques minutes, vous allez sentir que votre cerveau s'apaise. Profitez pleinement de ce moment de détente avec lui.

« L'idéal du calme
est dans un chat assis. »

JULES RENARD

« Petit à petit, les chats deviennent l'âme de la maison. »

JEAN COCTEAU

RESTER POSITIF EN CULTIVANT
la patience comme une vertu

Maître Chat cultive l'art de la constance, son humeur peut être chagrine ou exaltée, il ne choisit que la voie du milieu, celle d'être positif en toutes circonstances.

Habitué au sommet des toits ou à l'abîme des caves sombres, ses pérégrinations ne sont qu'occasions d'apprendre l'équilibre en toute chose. Gouttières, balcon, armoire, il continue son chemin en testant perpétuellement ce sens de la stabilité et de la sérénité souriante.

Il sait qu'il ne gagnera pas à chaque fois, que parfois faire retraite est preuve de sagesse, mais il sait aussi attendre que la petite souris de la vie vienne innocemment danser devant lui comme une bonne fée et adoucir son quotidien... Combien de fois l'avez-vous observé devant la fenêtre à contempler et à attendre sans bouger, même si un oiseau vient à sa rencontre ? Pour Maître Chat, la patience est un arbre dont la racine est amère et dont les fruits sont très doux, et d'expérience il sait, qu'à un moment ou à un autre, il retombera toujours sur ses pattes...

L'ÉQUILIBRE EN TOUT !

Comme Maître Chat, vous devez toujours garder un moral d'acier quoi qu'il arrive, votre énergie doit être constamment disponible. La vie n'est jamais de tout repos, et dans ce cas il vaut mieux rester en forme et avoir un cœur gai comme un pinson que d'humeur sombre de corbeau, voici comment :

↠ Asseyez-vous le dos droit et gardez vos yeux fermés. Inspirez et expirez doucement pendant quelques instants et laissez toutes vos pensées s'envoler comme les nuages dans le ciel... Relevez alors vos bras sur chaque côté du corps (les paumes tournées vers le sol) jusqu'à hauteur d'épaules. Imaginez-vous être une balance dont les bras sont les fléaux. Laissez votre corps lentement se pencher à droite, puis à gauche, plusieurs fois. Sentez naturellement votre vigilance dès qu'il peut y avoir un déséquilibre : votre dos se redresse d'un coup et vos muscles se tendent...

↠ Votre travail consiste à vous redresser sans vous tendre soudainement, mais paisiblement. Créez ce point d'écoute de votre corps, de réaction inconsciente qui fait qu'aucun effort n'est nécessaire, suivez juste le balancement et son équilibre, comme la gîte d'un navire... Pensez bien à l'appliquer ensuite dans les événements de votre vie, la gîte, si elle est naturelle, vous redressera toujours, et sans effort...

APPRENDRE TOUJOURS
pour devenir autonome

Par sa vie de pèlerin incessamment sur les routes de la providence, Maître Chat doit apprendre dans l'instant à se soigner.

L'autonomie médicale, il l'a vite mise à contribution ! Une foulure de la patte, et le voilà prostré la patte enfoncée dans une terre d'argile qui va le soulager. Une blessure sur le corps, et le voici à griffer de l'écorce de bouleau afin de se frotter et cicatriser. Trop de poils avalés lors de sa toilette, et il se sert de l'herbe à chat pour régurgiter des boules de poils entières.

Maître Chat développe l'esprit de l'apprenti cher aux maîtres zen. Il reste jeune et heureux au quotidien d'utiliser toute opportunité pour grandir dans l'indépendance...

CONSTRUIRE SON ESPACE
de vie dans l'harmonie

Maître Chat organise son espace de vie selon les préceptes du feng shui. Il préfère notamment les courbes fluides aux lignes séparatrices pour laisser circuler les ondes positives.

Il choisit un poste d'observation avantageux, où chacun·e se meut librement. Il ne se couche pas le dos contre la fenêtre, choisit des lumières douces afin d'être toujours à son avantage, évite les angles saillants trop visibles...

Maître Chat est amoureux de son territoire, car il sait que la cohérence des formes et des espaces lui apporte une harmonie paisible, essentielle pour se concentrer sur ses besoins vitaux...

L'ÉNERGIE DU CHI POUR BIEN VIVRE

Maître Chat sait capter l'énergie subtile (le chi, appelée aussi prana) tout autour de lui. Quand il pratique ses exercices de qi gong, il choisit spécialement un espace dégagé où il peut se déplacer en toute liberté. Adoptez cet art de vivre !

» Chez vous, pour saisir le chi qui coule en toute chose, réaménagez votre espace de vie. Pour cela, amusez-vous à vous déplacer dans chaque pièce les bras levés sur le côté. Il ne doit pas y avoir d'obstacles à contourner, donc replacez en fonction de cela, tables, chaises, lampes, télévision…

→ Vérifiez que chaque fenêtre est totalement dégagée, sans plantes vertes au milieu, ou de sèche-linge qui obscurcit la lumière qui rentre... Cassez les angles des meubles en y déposant des napperons, et un minéral, une décoration : votre environnement doit dégager une harmonie où vous pouvez facilement vous apaiser...

ÊTRE PROCHE
de tous les éléments de la nature

Maître Chat exerce tous ses sens grâce à la connaissance du bien-être qu'il tire de la nature.

Ses pattes bien étalées au sol, il se ressource dans les endroits telluriques naturels : une pierre chaude face au soleil et il se gave des rayons et accumule la vitamine D ; la pluie circule dans une gouttière en zinc, il en prendra quelques gouttes pour fortifier son immunité ; avec l'ail, l'aunée, l'absinthe, il nettoie ses intestins régulièrement... Maître Chat sait que la nature propose ses remèdes de santé, il découvre, teste, adopte, et par reconnaissance la respecte en retour...

« Les chats craignent l'eau, c'est pourquoi ils préfèrent prendre des bains de soleil. »

STÉPHANE CARON

LA NATURE EST VOTRE AMIE !

Votre santé c'est votre capital à vie, votre corps vous n'en avez qu'un seul, donc vous devez en prendre soin, à l'exemple de Maître Chat. Et la nature offre une multiplicité de soins, qui sont une découverte de chaque jour !

» D'abord nourrissez-vous de soleil sous toutes ses formes ! Vous aussi, vous avez besoin de vitamine D naturelle et n'oubliez pas que les rayons de soleil vous nourrissent même si les nuages les cachent, donc exposez-vous 20 minutes en moyenne par jour. Choisissez notamment toute alimentation nourrie par le soleil : fruits, légumes, céréales... Privilégiez une part de nourriture crue à chaque repas, pour profiter du maximum de nutriments et de vitamines qui seraient amoindris par la cuisson.

↠ Alternez les eaux minérales et de sources, elles se nourrissent au contact des roches, des différentes terres qu'elles parcourent et nettoient tous vos émonctoires (voies d'élimination des toxines).

↠ Laissez régulièrement le vent doux ou fort balayer votre corps, le nettoyer énergétiquement. Et quand vous le pouvez, à la mer, dans des rivières, faites-vous masser le dos par les courants, puis laissez-vous flotter sur le dos : ressentez comme vous être pris·e en charge par Mère Nature, comme vous devenez si léger·ère, telle une feuille...

FAIRE LE TRI
dans ses priorités

Maître Chat va toujours à l'essentiel. Il s'arrange pour que sa vie se déroule sur son territoire.

Il sait, par expérience, que cette vie est comme une source qui crée plusieurs ruisseaux : ceux-ci deviennent des rivières puis des fleuves, et, un jour, tous rejoignent la mer. Donc être à la source, et en contrôler la finalité, est beaucoup plus important et nourricier que de connaître ou de défricher les mille obstacles qui jalonneront les parcours de l'eau !
Maître Chat est donc stratège. Il se positionne toujours au début ou à la fin d'un chemin, et laisse les miettes des expériences inutiles aux coureurs de fond et à ceux·celles qui tournent en rond...

« Je suis le chat
qui s'en va tout seul
et tous lieux se valent
pour moi. »

RUDYART KIPLING

LA SIMPLICITÉ POUR ATTEINDRE SON BUT !

Maître Chat aime la simplicité, tandis que la vie moderne de l'homme cherche toujours à aller dans le sens des complications ! Prenez donc exemple sur Maître Chat, et appliquez ces deux petits exercices :

↠ Ciblez vos objectifs en les écrivant concrètement sur une feuille. En quelques mots, dites où vous en êtes avant de vous lancer. Notez les étapes qui seront indispensables et même inévitables (par votre situation, les événements, etc.) pour arriver au but. Puis réfléchissez à ce que vous pourriez rendre évitable et gérable mais aussi non dispensable. Faites cela régulièrement et vous atteindrez ensuite votre but à la vitesse d'une flèche !

↠ Asseyez-vous et posez votre regard au sol sur un objet placé à 1 mètre de vous. Respirez tranquillement en posant votre attention sur cet objet et détaillez-le précisément mais sans vous crisper. Vous devez ne voir que lui, rien autour, toujours en restant détendu·e ! Vous venez de comprendre la méditation du chat et de la souris…

PRÉSERVER L'ÉVEIL
de l'esprit

Maître Chat, s'il voit un compagnon humain triste, vient se faufiler entre ses jambes en miaulant de contentement et de désir d'attirer le regard.

Devant les incohérences comportementales d'un mammifère ubuesque à paroles, Maître Chat se fait invisible, puis visible, comme un courant alternatif qui va finir par allumer la lumière de la raison chez ce tendre humain désemparé... Maître chat est ainsi, il éveille, il amuse, il titille, et cette manière d'enseigner pousse l'être humain à comprendre qu'une vie sans surprise n'est qu'une vie sans saveur, comme le serait une vie terrestre sans rencontrer Maître Chat...

« Quand je joue avec mon chat, qui sait s'il ne s'amuse pas plus de moi que je le fais de lui ? »

MICHEL DE MONTAIGNE

CULTIVER LA JOIE !

Chacun·e a son rôle à jouer dans le bon déroulement de chaque acte de vie. Donc y participer est une manière de se responsabiliser, et échanger sa bonne humeur permet, en un dressement de moustache, de déchirer les voiles de la tristesse.

» Prenez l'habitude de méditer sur de beaux paysages, lacs, montagnes, forêts... et si vous n'êtes pas dans la nature, entourez-vous de photos ou de tableaux où la magie des couleurs vous apaise, ou vous dynamise...
Tout ce qui permet d'ouvrir ses fenêtres intérieures est toujours bon à prendre, alors pensez aux teintes dont

vous aimeriez vous entourer chez vous, par exemple. Prenez conscience que les vêtements que vous portez et leurs nuances sont autant de messages que les autres captent, ainsi communiquez de la tendresse, de la joie, de la créativité…

↠ Incitez-vous à chantonner ou siffler, laissez les oreilles de vos proches, de vos collègues, des passants, se réjouir d'entendre des mélodies qui les font voyager, revenir en enfance… Et puis souriez avec bienveillance sans particulièrement fixer qui que ce soit, dites « Bonjour » ou « Au revoir » : vous allez retrouver une énergie personnelle très solaire, et la partager avec tous ceux·celles qui vous croisent…

Les 14 « RONRONS ATTITUDE »

Maître chat ne ronronne pas uniquement parce qu'il se sent bien, mais pour relativiser, prendre du recul et appréhender les événements avec calme et sérénité. Apprenez à distinguer les différents types de ronronnements de Maître Chat, et utilisez-les pour avancer dans votre quotidien et arriver à ronronner en paix.

RONRONNER DE PLAISIR :

savoir se contenter de peu et se réjouir de tout...

Une vie de chat est-elle préférable à une vie de chien ? En fait, c'est une question de contentement.

Celui qui mène une vie de chien a toujours l'air fourbu et désœuvré. Certes, il attire la pitié et la compassion, mais, pour autant, personne ne cherchera vraiment à l'aider tant déjà il semble à bout, et que rien ne peut a priori le soulager.
Avoir une vie de chat force toujours le respect : même en pleine tempête, le félin saura tirer parti du moindre espace pour s'abriter. Il s'impose avec douceur, mais sans négociation possible. Le simple

capot d'une voiture chauffé par le soleil devient un véritable solarium : l'apparat et le futile n'ont pour lui aucune importance, seuls l'usage et la satisfaction qu'il tire d'une situation sont pour lui de véritables récompenses.
Le plaisir qu'il expérimente provient du fait qu'aucun chemin ne peut s'interrompre, que rien ne peut le détourner du but recherché. Il y a toujours une solution, et elle est dictée par sa sagesse de félin : ronronner de plaisir tient alors de l'équilibre entre le fait d'avoir atteint son objectif et de jouir du moment présent. Et qu'importe la dureté des épreuves, profiter pleinement de l'instant vécu est en soi une réalisation du plaisir.

➡ Tous les jours, dans les moments peu agréables, acceptez de positiver en reconnaissant que chaque instant est un enseignement de vie.

RONRONNER DEVANT L'ADVERSITÉ :

se détacher de ses émotions

Pourquoi Maître Chat garde-t-il son flegme face à un adversaire de taille, et comment fait-il pour rester dans une maîtrise totale de son être alors que la situation risque de lui exploser « au ras des moustaches » ?

En premier lieu parce que, face à un adversaire qu'il perçoit comme plus puissant, il est conscient que le moindre de ses comportements sera immédiatement analysé et interprété : par conséquent, moins il laisse percevoir d'informations, moins il provoque de réactions... Il va donc se mettre en mode calme de celui qui sait ce qui se joue et, surtout, ne pas tomber dans la surenchère ! Pas de provocation donc, et du respect pour son adversaire et pour cette situation qui va l'aider à acquérir encore plus de sérénité. Il s'apaisera en utilisant un mantra personnel tout à fait approprié qui pourrait être : « Je suis le plus zen des chats, et même la pire insulte ne fera que glisser le long de mes poils. » Ce mantra de circonstance deviendra rapidement un ronronnement ininterrompu grâce auquel il pourra quitter le lieu d'apprentissage à pas mesuré, non pas comme un vaincu, mais comme un sage empli de compassion pour ce qu'il vient de vivre et d'apprendre.

Ensuite, il allie pensée et mise en action de la pensée. Il respire le plus lentement possible, sans émettre aucun miaulement susceptible de révéler la moindre émotion. Il sait que le son est lui aussi porteur de messages pouvant être interprétés. Il s'enracine dans la force du silence, pratiquement comme un arbre dans le vent d'hiver : les feuilles sont déjà à terre, mais les branchages sont presque immobiles... Maître Chat ne donne prise à rien, il est détaché – de la même manière, aucune branche de l'arbre ne sera cassée une fois que le vent se sera enfin calmé. Le ronronnement de circonstance a aidé Maître Chat à traverser l'épreuve sans encombre...

➡ Créez votre propre mantra de lâcher prise, et répétez-le jusqu'à en être convaincu·e et lui donner une puissance effective.

« Un chat perd ses poils,
mais pas ses manières. »

PROVERBE HOLLANDAIS

RONRONNER AVANT D'AGIR : bien observer avant d'attaquer !

La ruse est toujours bonne conseillère. Lorsque l'on sait pertinemment qu'il va falloir agir, c'est l'amorce grâce à laquelle l'action entreprise aura le plus de chance de réussir.

La ruse première est d'apprendre à observer, et c'est la grande force de Maître Chat. Ses moustaches dressées montrent qu'il exploite tous ses sens. Quel humain, aujourd'hui, fait encore cela ? Il utilise d'abord son mental, et n'opère la plupart du temps qu'après réflexion et déduction, ou par réaction émotionnelle – peur, agressivité... – s'il ne comprend pas ce qui

se déroule au moment présent. Maître Chat écoute le moindre son indiquant un déplacement, sent les odeurs qui lui révèlent une présence, décrypte visuellement la scène dans laquelle il se trouve et les comportements autour de lui, pose ses pattes bien à plat afin d'être prêt à opérer, lèche les coussinets d'une patte avant pour renforcer, par le contact, le rapport avec ses propres énergies et garder confiance... Seule sa queue peut tournoyer, afin de déplacer de l'air et de distraire son adversaire.
Cette panoplie des sens représente son viseur : ainsi, sans que l'autre s'en doute, il est déjà en joug. Beaucoup croient que Maître Chat ne pense pas. Erreur... Penser est pour lui la synthèse des cinq sens, son sixième sens ; il sait que la juste pensée construit la matière, et que cette pensée est finalement la munition qui va régler la situation, parfois même sans combattre...

➡ Placez-vous à un endroit où vous pouvez observer tout ce qui se déroule. Laissez vos cinq sens entrer en action. Ensuite seulement, construisez vos pensées.

« En ronronnant,
le chat se livre
corps et âme. »

JEAN-LOUIS HUE

RONRONNER
pour séduire

Pour conquérir les cœurs disponibles, Maître Chat s'emploie à se faire entrevoir comme discret mais indispensable avec son subtil ronronnement de confiance.

Pour séduire, Maître Chat cultive sa différence : cela commence par un ronronnement de présentation, mais à la manière d'un chaton un peu maladroit qui pousse sa pelote de laine pour signifier qu'il n'arrivera jamais à la démêler seul. Une fois l'approche engagée, commence alors le jeu par le biais duquel il va vous persuader qu'il est un élément même de l'air que vous respirez : sans lui vous vivez, mais pas de la même manière. Il saura vous persuader que lors d'une excursion en haut des cimes, là où l'oxygène se fait rare, il sera seul capable de vous ramener sain et sauf ! C'est là toute sa force : vous faire admettre que cet instant était depuis toujours écrit, et qu'en acceptant l'approche, c'est vous qui aviez en fait déjà cédé et autorisé la conclusion... Et c'est dans ce jeu des vides et des pleins, des forces d'attraction, que l'équilibre se maintient...

➡ Prenez le temps, une fois par mois, de vous observer dans un miroir : vous reconnaissez-vous ? Êtes-vous bien en phase avec votre corps et votre esprit ?

RONRONNER
pour partager

On dit de Maître Chat qu'il est solitaire en amour ! Faux : il s'intéresse à l'autre mais ne se livre pas facilement.

Il se fait désirer, sait jouer sur ses absences calculées, ne répond pas si on l'interpelle à un moment qu'il juge inopportun, repousse une main câline s'il ne veut pas être abordé, et trouve un malin plaisir à se montrer déroutant si on veut lui imposer un rapport affectif...
En revanche, si vous êtes triste, mal à l'aise, en perdition intérieure, il le perçoit tout de suite. Il abandonne alors son statut de « doudou peluche » pour intervenir en tant que soignant. Ses apparitions sont brèves mais totalement impliquées. Il ronronne longuement à vos côtés, non

sans tendresse bien sûr, mais surtout d'une façon quasi médicale. La vibration continue que son corps émet se transmet à votre squelette et agit sur lui à la manière d'un pansement fait d'ondes. Ces ondes vont soulager tous les muscles, remettre au bon voltage chaque nerf ou terminaison nerveuse de votre corps. L'apaisement vous gagne... Et comme il rentre en empathie, le chat partage enfin sa gentillesse en acceptant toute forme de massage bien dosé.
S'il doit vivre en amour avec quelqu'un, c'est par engagement. Maître Chat choisit ses amis et se partage par doses et infusions légères, mais réelles !

➡ Faites une pause et réfléchissez sur le thème du « syndrome du sauveur » et sur l'idée que le partage est une voie d'engagement.

PETIT POÈME EN HOMMAGE AUX CHATS

« Mon chat, hôte sacré
de ma vieille maison,

De ton dos électrique
arrondis la souplesse,

Viens te pelotonner
sur mes genoux, et laisse

Que je plonge mes doigts
dans ta chaude toison.

Ferme à demi, les reins émus
d'un long frisson,

Ton œil vert qui me raille
et pourtant me caresse,

Ton œil vert semé d'or, qui,
chargé de paresse,

M'observe d'ironiques
et bénignes façons.

Tu n'as jamais connu,
philosophe, ô vieux frère,

La fidélité sotte
et bruyante du chien :

Tu m'aimes cependant,
et mon cœur le sent bien.

Ton amour clairvoyant,
et peut-être éphémère,

Me plaît, et je salue en toi,
calme penseur,

Deux exquises vertus :
scepticisme et douceur. »

JULES LEMAITRE,
***LES MÉDAILLONS, À MON CHAT*, 1896.**

RONRONNER À DISTANCE
pour observer le monde

Alors que tout bouge, Maître Chat reste un grand méditant ! On croit qu'il dort : non, il est tout ouïe !

Et le meilleur moyen pour être totalement réceptif à la situation, c'est d'être et surtout de paraître totalement inactif. S'exciter pour se faire entendre serait contraire à une bonne régulation de son métabolisme sanguin ! Il préfère que l'on fasse appel à lui plutôt que d'avoir à s'avancer pour se découvrir. Et quand il se dévoile, c'est qu'il est déjà en train de conclure...

Parlez-en à la souris, à l'ouïe pourtant si fine : elle n'entend même plus le battement du cœur de Maître Chat tant

il sait se faire absent, elle se sent en confiance. Puis toc, elle se fait prendre ! Eh bien Maître Chat perçoit un événement de la même manière qu'il s'apprête à s'emparer de sa proie. Et puis, pourquoi hérisserait-il son poil nerveusement ? À quoi servirait qu'il se torde le cou à comprendre pourquoi Untel et Untel s'agitent en tous sens. À rien... Il attend donc la fin des hostilités.
Et comme il reste souvent le seul capable de comprendre et d'agir, imperturbable après la tourmente, on fait appel à lui. Son entourage lui donne toute confiance pour sortir indemne du moindre événement ! Maître Chat n'y a pas laissé un poil et a gagné l'estime de ceux·celles qui l'entourent...

➡ Prenez une feuille et laissez-vous guider par votre plume en utilisant régulièrement les mots : recul, lâcher prise, abandon de l'ego, fin du nombrilisme...

RONRONNER
pour éprouver sa force

Maître Chat teste et connaît son véritable potentiel énergétique.

Pour se faire, il s'impose une batterie d'examens quotidiens, et il en suit l'usage et les coutumes. Cela lui a été transmis, et s'il y a bien un être animal qui respecte sa lignée et les connaissances léguées par ses ancêtres, c'est Maître Chat !

Le ronronnement d'entraînement consiste à passer par ce biais pour tomber directement en onde alpha (la fréquence la plus proche de l'endormissement et du lâcher prise musculaire et nerveux). Là, le chat respire très lentement et se met d'abord à écouter son cœur. Si celui-ci est régulier, c'est que le métabolisme suit ; s'il ne bat pas en harmonie, l'animal va s'étirer

plusieurs fois : c'est son moment yoga ! Ensuite, il fixe son attention sur l'air qui entre et sort par son museau. Rapidement, toute tension intérieure ressort.
Comme une gomme qui agit progressivement, il efface cette tension en portant le fruit de sa respiration (inspiration et expiration à parts égales) sur l'emplacement qui pose problème. Il agit ainsi sur tout son corps, puis observe les émotions qui peuvent encore se faire jour dans son comportement. Cet examen complet, en plusieurs étapes, est pratiquement mécanique : c'est un scanner de bien-être personnel. Ensuite, il redémarre son véhicule – son corps – avec toutes les mises à niveau refaites. Il peut alors poursuivre son chemin de vie en pleine possession de ses moyens...

➡ Pratiquez un scanner corporel 10 minutes par jour : soyez à l'écoute et rectifiez ce qui ne va pas si nécessaire.

RONRONNER
pour soulever le voile des mystères

On dit de Maître Chat que c'est un animal occulte. On lui accorde au moins sept vies.

Maître Chat est lié à la Lune : il est vrai qu'il connaît parfaitement la nuit, et que sa relation avec le magnétisme lunaire en fait un médiateur idéal pour communiquer avec ceux·celles qui évoluent au-delà de toute réalité palpable.
Les sorciers racontent que, dans les maisons, il s'assied souvent là où se concentrent les énergies négatives (endroits, par exemple, qui sont souvent le théâtre de disputes). Il est perçu comme apte à transmuter la négativité en positivité. En fait, il accepte l'inconnu comme représentant

une forme d'apprentissage. Pourquoi ne pas soulever, comme la papesse dans le jeu du tarot de Marseille, le voile de l'ignorance ? Maître Chat a soif de savoir. Le mot inconnu ne renferme-t-il pas le mot connu ? Donc aucun risque ! Maître Chat est un ermite mystique : n'oublions pas que la grotte où il vit est éclairée de l'intérieur et qu'il est lui-même la flamme de la bougie. Un jour, il sort enfin de sa caverne et franchit la nuit avec, au revers de sa patte, la lanterne magique qui protège la lumière provenant du fruit de ses propres recherches... Le monde s'éclaire.

➡ Consignez sur une feuille tous les sujets qui vous passionnent mais que vous n'avez pu aborder. Établissez un plan d'action pour partir à leurs découvertes.

« Je crois que les chats sont des esprits venus sur terre. Un chat, j'en suis convaincu, pourrait marcher sur un nuage. »

JULES VERNE

« Le ronronnement
est le sourire du chat. »

HECTOR BIANCOTTI

RONRONNER
pour se guérir : laisser les maux s'exprimer...

Maître Chat a plus d'un ronronnement à son arc, et celui pour guérir ses douleurs a sa propre résonance.

Parfois, son ronronnement est comme un râle : si, dans ces moments, l'être humain prête une oreille attentive à Maître Chat qui partage son quotidien, il entend comme une plainte. Le ronronnement est plus chaotique, le souffle plus court, le moteur sonore manque de rondeur... En fait, le rythme respiratoire reflète l'état psychologique de Maître Chat : il est en pleine phase de changement et de questionnement, et lui-même le sait. À la différence de l'être humain, il ne met en place aucune parade qui pourrait freiner

le processus, car celui-ci est tout à fait naturel ; il laisse simplement s'exprimer son état du moment.
La vie de Maître Chat est bien remplie et, comme toute existence, elle se construit à travers des épreuves et des prises de conscience brusques. Assumer les conséquences en toute connaissance fait de lui un être doué de sagesse : il n'esquive pas, il porte en lui ce qu'il doit comprendre...
Et puis, symboliquement, pourquoi combattre une fièvre alors qu'elle permet de brûler tous les excès accumulés, d'assainir le corps et l'esprit, d'éliminer les toxines ? Le ronronnement s'apparente alors à l'air que produit le mouvement du soufflet : les braises de la maladie sont avivées longuement jusqu'à devenir cendres. Celles-ci seront un terreau parfait pour les prochaines semences, promesse de futures récoltes fructueuses. Le ronronnement retrouvera ensuite sa fluidité, et l'huile de l'expérience fera

coulisser le moteur de l'âme sans aucun accroc... Maître Chat sait tout cela à l'avance... Et vous ?

➡ Prenez un cahier vierge, écrivez dessus tout ce qui vous encombre au quotidien – émotions, événements –, puis déchirez chaque page méthodiquement en respirant très lentement : détendez-vous !

« Les chats appartiennent
à une espèce mystérieuse.
Leur esprit est traversé
par beaucoup plus de choses
que nous ne l'imaginons. »

SIR WALTER SCOTT

PETIT POÈME EN HOMMAGE AUX CHATS

« Le chat allait çà et là.
Et la lune tournoyait.
Parent de la lune,
Le chat furtif leva les yeux.
Noir Minnaloushe regarde la lune,
Car, errant et chantant
comme il est,
La pure lumière froide, là-haut,
Trouble son sang animal.
Minnaloushe avance dans l'herbe
En levant ses pieds délicats.
Danses-tu, Minnaloushe,
danses-tu ? »

WILLIAM BUTLER YEATS,
THE WILD SWANS AT COOLE,
LE CHAT ET LA LUNE, 1919.
TRADUCTION CLARA MOUCHE.

PETIT POÈME EN HOMMAGE AUX CHATS

« Il chasse la souris et câline l'enfant
si l'enfant n'est pas trop importun.
Mais quand l'enfant dort
et que la lune sort,
Lui aussi il sort.
Il est le chat qui s'en va seul.
Il est le chat qui s'en va çà et là,
dans les bois mouillés de la nuit,
sur les arbres mouillés de la nuit,
le long des toits mouillés de la nuit.
Il balance sa queue et conquiert
l'ombre, solitaire. »

RUDYARD KIPLING, *JUST SO STORIES*,
LE CHAT QUI S'EN VA SEUL, 1902.
TRADUCTION DE CLARA MOUCHE.

RONRONNER
pour s'émerveiller

La foi profonde naît du ronronnement de l'Éveil. N'importe quel chat bouddhiste vous le dira, la vie est faite d'impermanence.

Quiconque est pétri de certitudes se prépare un enfer doré ! Il croit savoir, il pense qu'il est juste, il trouve une explication à tout, jusqu'au moment où cette belle machine se grippe, due au petit grain de sable que constitue chaque événement incontrôlable. Pour Maître Chat, la vie agit à la manière d'une machine à laver : elle fait tourner ensemble toutes formes d'expériences ! Cela s'appelle la valse des interdépendances. Beaucoup voudraient retrouver les couleurs d'origine, alors qu'il faut au contraire laisser la nature

des éléments régénérateurs et adoucissants se manifester, et accueillir le résultat avec compassion et étonnement.
Au fond, une vie linéaire, quel ennui ! Croire qu'il y a un grand architecte qui a tout construit : oui, pourquoi pas ? Mais cela n'autorise pas à penser que toute forme de vie résulte d'une équation intangible. Non, Maître Chat est trop artiste pour cela... Il préfère une matière brute dont il tirera plusieurs figures et jouera avec : sa grande intelligence étant de laisser sa place à toute forme d'impermanence et de rester en survol, afin de comprendre comment les actes et les conséquences se créent, puis de pouvoir agir à sa guise sur les interdépendances...

➡ Pensez aux nombreuses fois où vous avez préféré « verrouiller » une situation plutôt que de la laisser prendre un chemin inattendu. Êtes-vous prêt à changer votre concept mental ?

RONRONNER
pour rêver : s'initier à d'autres vies...

Quand son ami humain dort vingt-cinq ans en moyenne dans sa vie, Maître Chat peut, lui, dormir jusqu'à seize heures par jour !

Pensez-vous réellement qu'il ne se passe rien pendant ces seize heures ? Erreur... Le sommeil de Maître Chat se divise en sept phases qui correspondent à sept types de vies et donc sept formes d'expériences. Maître Chat explore la multi-réalité des univers parallèles, ce qui lui confère un rôle d'initiateur auprès de son ami humain qui lui est proche.
Si vous rêvez de Maître Chat qui vous raconte sa vie, ne prenez pas ça à la

légère : il y a forcément un enseignement qui vous est adressé... Il devient le guide de votre sommeil nocturne, il éveille en vous des instincts oubliés mais aussi votre propre regard de chat... Si vous vous laissez absorber par son énergie, vous vivrez des scènes de vie comme lui, les aborderez avec la même perception dans le ressenti de son propre corps. Cela se déroulera en continu sur sept nuits, avec sept personnalités de chat différentes. Là, votre vision du monde changera... L'initiation prodiguée vous enrichira des facultés de voyance et de médiumnité. Vous deviendrez habile et subtil comme Maître Chat, et n'aurez plus peur de toute forme de nuit.

Si cette faculté se développe soudainement en vous, endormez-vous et imaginez que Maître Chat vient vous visiter à la sortie de votre corps : lorsque le rêve commencera, il sera là et, avec lui, vous irez progressivement construire sept étapes de renaissance, toutes basées sur l'apprentissage des réalités félines...

➡ Le soir, endormez-vous en posant à Maître Chat Guide une question utile pour clarifier une situation. Le matin, prenez quelques instants pour vous souvenir de vos rêves.

« À fréquenter les chats,
on ne risque
que de s'enrichir. »

COLETTE

RONRONNER
à l'avance : savoir se prémunir

Qui veut voyager loin ménage sa monture. Dans cette optique, le plus simple est de se montrer prévoyant. Et Maître Chat l'est !

Pour cela, il ronronne. N'ayant rien à envier à n'importe quel chef d'entreprise, il monte un « business plan » et fait une étude de marché (dans son cas, de faisabilité !) en un temps record ! Sa grande subtilité, c'est de laisser les autres tester d'abord.

Prenons cet exemple : il reste, sur la table desservie, une part de gâteau qui attend un gourmand en culotte courte parti jouer. Maître Chat vient alors minauder sous la truffe de son cousin le chien, puis saute sur la table, ce qui n'est pas sans intriguer le gros canin ! Ce dernier file en direction de la table alors que Maître Chat s'en éloigne aussitôt. Sentant le parfum du sucre, il commence à approcher sa langue de l'assiette. À peine a-t-il fait cela qu'il se fait houspiller par son maître ! Queue basse, il s'éloigne alors. Deux solutions s'offrent à Maître Chat : soit il abandonne la partie, la balance bénéfice-risque étant négative ; soit il prend le gâteau, en sachant pertinemment que le chien sera forcément désigné comme coupable ! Résultat : gâteau pour Maître Chat, punition pour le chien ! Pouvez-vous écrire la morale de cette histoire ? Et que feriez-vous à la place de Maître Chat ? Finalement, ronronner à l'avance permet réellement d'agir en conséquence par la suite !

➡ Interrogez-vous et réfléchissez-y : êtes-vous de type prévoyant ou totalement instinctif ?

« Les chats sont malins et conscients de l'être. »

TOMI UNGERER

« Le chat a trop d'esprit
pour ne pas avoir de cœur. »

ERNEST MENAULT

PETIT POÈME EN HOMMAGE AUX CHATS

« C'est un petit chat noir effronté comme un page,

Je le laisse jouer sur ma table souvent.

Quelquefois il s'assied sans faire de tapage,

On dirait un joli presse-papier vivant.

Rien en lui, pas un poil de son velours ne bouge ;

Longtemps, il reste là, noir sur un feuillet blanc,

À ces minets tirant leur langue de drap rouge,

Qu'on fait pour essuyer les plumes, ressemblant.

Quand il s'amuse,
il est extrêmement comique,

Pataud et gracieux,
tel un ourson drôlet.

Souvent je m'accroupis
pour suivre sa mimique

Quand on met devant lui
la soucoupe de lait. »

EDMOND ROSTAND,
LES MUSARDISES,
***LE PETIT CHAT*, EXTRAIT, 1890.**

RONRONNER
pour apprendre de tout

Maître Chat s'évertue à rester à l'écoute de la nature, car il sait les trésors de ses enseignements.

Tandis que son ami l'humain gesticule, Maître Chat s'économise ; quand il s'emporte, Maître Chat pratique son yoga ; quand il n'arrive pas à s'assoupir, Maître Chat entame son deuxième tiers de sommeil...

Comment arrive-t-il à tout cela ? Eh bien en observant la nature, car celle-ci apprend en permanence à vivre en harmonie. Comment gérer par exemple le fil des événements quotidiens ? En posant son regard sur une rivière : l'eau dévale en continu la pente de la vie, contourne les obstacles comme les cailloux et les branches mortes, mais coule quoi qu'il se passe. Et si le vent se met à souffler ? Maître Chat comprend que le ciel va changer, que les ambiances et les atmosphères vont devenir plus électriques, donc qu'il peut y avoir affrontement... mais il ne s'agit pas pour autant de se raidir, juste laisser aller.

Maître Chat pense en outre que l'autorité naturelle provient du fait d'être disponible pour tout, apte à répondre à tous, à n'importe quel moment, en restant discret sur la réalité des intermédiaires qui agissent... Au contraire de son ami l'humain, qui pense qu'apprendre à tenir coûte que coûte fait de lui un être responsable ! Maître Chat se joue donc du stress. Il répartit ses charges de travail en fonction de son expertise du terrain naturel. Pour lui, le quotidien est fait de hauts et de bas, de lignes événementielles brisées ou fluides, comme dans la nature ! Il sait que le ravin succède à la montagne, la nuit au jour, etc. Et, surtout, il ne cherche pas une conduite linéaire et reste flexible : il n'y a que son ami l'humain pour construire des courbes de croissance qui ne doivent que s'élever ! Maître Chat écoute la nature, il connaît sa place dans le monde, au contraire de son ami l'humain, qui pense encore aujourd'hui qu'il le dirige...

➡ Prenez-le temps de « lire les paysages » autour de vous et, après décryptage, voyez comme ils ressemblent étrangement aux événements que vous vivez...

***« De toutes les créatures de Dieu,
il n'y en a qu'une
qu'on ne mène pas à la baguette :
c'est le chat ! »***

MARK TWAIN

RONRONNER

pour ronronner : savoir s'estimer et se valoriser !

Le ronronnement peut servir de point d'appui à une réflexion intense.

C'est en fait une touche « pause » qui existe dans une vie de tumulte ou de perte de repères et que certains êtres humains oublient souvent : chacun·e a le droit de se poser ! Quand Maître Chat se sent dévalorisé par ceux·celles qui l'entourent, il perd sa prestance (queue basse, poils ternes...) et donc sa confiance : il s'isole alors, semble avoir du vague à l'âme. Toutefois, il apaise ses craintes et se défait des émotions qui le freinent grâce à une forme de routine. Il va manger des herbes sauvages, se pavane un peu au soleil, emprunte son parcours de détente

habituel près du jardin, bref, il se détoxifie physiquement et moralement !
Une fois que sa « maison intérieure » est propre, il jauge alors le bon et le moins bon parmi les décisions qu'il doit prendre : chaque ronronnement résonne comme un moteur qui fait un tour de chauffe sur place, la mécanique de la réflexion est huilée naturellement. Il décide de reprendre sa route avec des choix précis et, surtout de les assumer, car il n'y a pas pire que de subir un échec dû à l'acceptation aveugle de décisions prises par les autres. Alors enfin vient le ronronnement du ronronnement, celui du travail intérieur effectué. Maître Chat redevient confiant, avec des fondations saines, des choix assumés et un état d'esprit positif car responsable.

➡ Listez les moments où vous perdez toute confiance, notez-en les origines et inscrivez vos solutions.

SAVEZ-VOUS
ronronner ?

La ronronthérapie, vous commencez à le comprendre, est à la fois un mélange de détachement juste et de contentement de tout ce qui arrive.

C'est aussi un art de vivre au quotidien. On ronronne dans son coin, en famille, avec des amis, en couple...
Il y a 1 000 manières de ronronner mais une seule est vraiment porteuse de lumière : celle du ronronnement universel, qui relie tous les êtres de vie entre eux. C'est comme une fréquence où chacun·e peut vibrer à l'unisson avec n'importe qui. Vous allez pouvoir construire un chemin où le ronronnement devient une véritable thérapie. La ronronthérapie ne se cantonne donc pas au ronronnement

à proprement parler. C'est un principe d'harmonie interne qui repose sur deux types d'actions :

• Faire de chaque événement un terreau d'apprentissage.
• Trouver sa vitesse de croisière intérieure, vous garantissant, quoi qu'il advienne, d'arriver entier·ère et épanoui·e à bon port.

➡ Maîtrisez-vous ces deux fondamentaux du lâcher prise ? Les prochains exercices vont vous y aider.

TROUVEZ VOTRE PROPRE MANTRA DE RONRONTHÉRAPIE

Comme pour Maître Chat, le fait de favoriser une vibration sur une hauteur (ou fréquence) particulière va vous permettre de masser tout votre corps.

Pour y parvenir, vous allez procéder par étapes, afin de bien faire vibrer vos résonateurs naturels, à commencer par ceux du visage. Vous utiliserez les lettres I, A, E, O, Ou, É, M, dans cet ordre au début. Vous pourrez ensuite l'adapter, au fil de votre pratique et selon votre ressenti.

À certains moments votre voix sera forte ; à d'autres elle sera très douce.

Peu importe, laissez du temps au temps...

↠ Allongez-vous sur le dos et faites partir vos mains et vos pieds du côté droit de telle sorte que votre corps forme un croissant de lune. Assouplissez un peu votre dos en inspirant et en expirant doucement. Puis recommencez de l'autre côté.

↠ Placez votre main droite sur votre oreille droite. Commencez par émettre la lettre I d'une voix aiguë, puis descendez la hauteur de la note jusqu'à ce que vous sentiez les os du crâne autour de l'oreille vibrer sous vos doigts. Amusez-vous à rechercher la bonne hauteur pour faire vibrer toute la partie autour du nez et des joues. Cela vous permettra d'effectuer un massage du visage extrêmement relaxant. Au fur et à mesure des séances, vous testerez les autres lettres afin d'éprouver la détente que chacune d'elles procure.

↠ Trouvez ensuite la bonne hauteur de note pour faire vibrer la gorge et le torse avec la lettre A. Lorsque vous y serez parvenu·e, vous pourrez passer au plexus et au ventre avec la lettre E ou É. En général, le dos vibre en suivant l'évolution sonore, mais n'hésitez pas à le travailler de manière isolée. Si vous le pouvez, abaissez la hauteur de note pour faire vibrer le bas-ventre, les jambes et, en dernier, les pieds.

Conseil : pour certains, il sera plus simple de prononcer la lettre M « Mmmm ». À vous de voir ce que vous préférez !

« La clé d'une nouvelle relation réussie entre un chat et un humain est la patience. »

SUSAN EASTERLY

FAITES TOURNER VOTRE MANTRA ET RONRONNEZ

Voici comment utiliser maintenant votre mantra de ronronthérapie :

» Asseyez-vous le dos droit, fermez les yeux et pratiquez votre mélodie personnelle complète du haut vers le bas et du bas vers le haut. Faites-le plusieurs fois de suite, cela vous permettra de mieux la mémoriser et surtout d'être pleinement attentif·ve aux parties de votre corps à faire résonner. Vous allez peu à peu voir apparaître des formes géométriques, telles que des triangles ou des cercles, ainsi que des couleurs, comme lors d'un travail énergétique de yoga sonore. De même, apprenez à pratiquer votre mantra mentalement, en silence. Vous serez surpris de constater que cela relaxe aussi !

» Pratiquez votre ronronthérapie lorsque vous avez mal à la tête ou à l'estomac, ou lorsque vous sentez une tension musculaire... Peu à peu, vous parviendrez à diriger votre son vers l'endroit douloureux, vous le « réglerez » en étant attentif·ve à l'effet produit sur le point travaillé.

» Lorsque vous aurez assimilé vos propres ressources, vous pourrez utiliser au quotidien vos différents mantras pour vous déstresser, retrouver un équilibre harmonieux, vous endormir ou, à l'inverse, vous dynamiser.

» Vous pouvez amplifier les effets de cette ronronthérapie en pensant à des images agréables, comme une plage, un ciel bleu, une montagne enneigée...

RONRONNEZ AVEC MAÎTRE CHAT

Il s'agit d'un moment de partage particulièrement agréable. Voici comment favoriser cet échange de ronronthérapie :

» Mettez-vous à quatre pattes, les genoux à terre, et commencez en adaptant la hauteur de votre voix afin de faire vibrer votre corps. Profitez-en pour bien faire vibrer tout votre dos. Le M prononcé « Mmm » vous y aidera.

» Continuez à vous relaxer de cette manière, Maître Chat va se rapprocher, puis se coller à vous pour partager ce moment. Laissez bien tourner votre mélodie bouche fermée, laissez-vous complètement aller dans une créativité sonore, essayez d'autres sons, d'autres mélodies, lâchez tout... Chantonnez, marmonnez, restez en mantra intérieur uniquement... et détendez-vous.

PETITES QUESTIONS à la manière des chats

DE QUEL TYPE DE CHAT

êtes-vous le plus proche ?

L'esprit du chat sommeille en vous...

Définissez votre tendance féline, en répondant à ce QCM, et en additionnant les points, sachant que pour chaque étape (physique, caractère, aspect pratique), chaque mot vaut 1 point (4 points maximum par étape donc).

Dès que vous serez entre 9 et 12 points, vous pouvez considérer que la ressemblance est frappante ! Mais il se peut aussi que vous vous révéliez être le fruit d'une subtile alchimie de plusieurs chats...

Êtes-vous à tendance chat Angora ?

➡ Physique : taille moyenne. Svelte. Raffiné. Fluide dans ses mouvements. = ...

➡ Caractère : indépendant. Joyeux. Sociable. Épris de liberté. = ...

➡ Aspect pratique : bonne activité sexuelle. Perd ses poils. Miauleur. Facile d'entretien. = ...

Résultat

Jusqu'à 6, vous en avez le parfum mais pas toute l'essence.

Jusqu'à 9, vous avez une bonne partie de son caractère et vivre avec vous demande une grande patience et tolérance.

Jusqu'à 12, le mimétisme est bluffant, il sera bon de vous tatouer au cas où !

Êtes-vous à tendance chat American Bobtail ?

➡ Physique : grande taille. Large ossature. Pépère. Pataud dans ses mouvements. = ...

➡ Caractère : très famille. Doux. Placide. Peu aventureux. = ...

➡ Aspect pratique : moyenne activité sexuelle. Perd peu ses poils. Peu miauleur. Facile d'entretien. = ...

Résultat

Jusqu'à 6, vous avez son côté bon vivant et calme.
Jusqu'à 9, vous êtes dans son esprit type casanier.
Jusqu'à 12, tout le monde vous aime, vous ne dérangez jamais.

Êtes-vous à tendance chat de Gouttière ?

➡ Physique : robuste. Moyenne corpulence. Tonique. Ses mouvements sont lents puis rapides mais brefs. = ...

➡ Caractère : mi-famille et mi-extérieur. Doux mais susceptible. Joueur. Aventurier. = ...

➡ Aspect pratique : faible activité sexuelle. Perd peu ses poils. Peu miauleur. Facile d'entretien = ...

Résultat

Jusqu'à 6, vous êtes plutôt tranquille.

Jusqu'à 9, vous êtes conscient·e que l'équilibre c'est 50 % famille et 50 % vie extérieure.

Jusqu'à 12, vous vous affirmez comme un·e petit·e sauvage bien apprivoisé·e.

PETIT POÈME EN HOMMAGE AUX CHATS

« Il siège au coin du feu,
les paupières mi-closes,

Aspirant la chaleur du brasier
qui s'éteint ;

La bouilloire bouillonne
avec des bruits d'étain ;

Le bois flambe, noircit,
s'effile en charbons roses.

Le royal exilé prend
de sublimes poses ;

Il allonge son nez sur ses pieds
de satin ;

Il s'endort, il échappe au stupide
destin,

*À l'irrémédiable écroulement
des choses.*

*Les siècles en son cœur
ont épaissi leur nuit,*

*Mais au fond de son cœur,
inextinguible, luit*

*Comme un flambeau sacré,
son rêve héréditaire :*

*Un soir d'or, le déclin empourpré
du soleil,*

*De fûts noirs de palmiers
sur l'horizon vermeil,*

*Un grand fleuve qui roule
entre deux murs de terre. »*

HIPPOLYTE TAINE, *À TROIS CHATS, DOUZE SONNETS*, LES SOUVENIRS D'UN CHAT, 1883.

Êtes-vous à tendance chat Ceylan ?

➡ Physique : taille basse. Ossature légère. Démarche gracieuse. Fourrure brillante. = ...

➡ Caractère : vif. Malicieux. Joueur. Audacieux. = ...

➡ Aspect pratique : faible activité sexuelle. Perd peu ses poils. Peu miauleur. Très facile d'entretien. = ...

Résultat
Jusqu'à 6, vous avez un peu de sa prestance.
Jusqu'à 9, on a toujours dit que vous aviez du chat !
Jusqu'à 12, vous êtes dans le profil mannequinat !

Êtes-vous à tendance chat du Bengal ?

➡ Physique : athlétique. Longue corpulence et taille moyenne. Puissant. Gracieux dans ses mouvements. = ...

➡ Caractère : très famille. Doux et affectueux. Très vif et joueur. Indépendant. = ...

➡ Aspect pratique : bonne activité sexuelle. Perd peu ses poils. Peu miauleur. Facile d'entretien. = ...

Résultat

Jusqu'à 6, vous avez un aspect athlétique, mais ça s'arrête là...

Jusqu'à 9, vous êtes plutôt « beau gosse » ou « belle de jour » et vous le savez.

Jusqu'à 12, vous êtes séducteur·rice tout en restant très câlin·e et famille !

Êtes-vous à tendance chat British Longhair ?

➡ Physique : trapu. Poils longs. Taille moyenne. Mouvements lents et mesurés. = ...

➡ Caractère : très proche et intérieur. Présent mais pas envahissant. Joueur à ses heures perdues. Pas aventurier ! = ...

➡ **Aspect pratique** : faible activité sexuelle. Perd régulièrement ses poils. Peu miauleur. Demande un entretien régulier. = ...

Résultat

Jusqu'à 6, votre bonhommie vous sert bien.

Jusqu'à 9, vous êtes très « sécotine » avec vos proches.

Jusqu'à 12, vous communiquez votre douceur et savez que l'on adore vous câliner, et cela vous plaît !

Êtes-vous à tendance chat Chartreux ?

➡ Physique : taille moyenne. Massif. Robuste. Vif et très à l'écoute des signes. = ...

➡ Caractère : fuyant, mais attaché à sa famille. Calme. Solitaire. Décide de tout. = ...

➡ Aspect pratique : moyenne activité sexuelle. Perd peu ses poils. Peu miauleur. Demande à être brossé à l'envers. = ...

Résultat

Jusqu'à 6, vous êtes mi-indépendant·e, mi-famille.
Jusqu'à 9, vous êtes fort·e, vif·ve, mais toujours près de la cheminée.
Jusqu'à 12, vous savez vous confondre avec les meubles tout en gardant en permanence une sortie vers l'extérieur !

PETIT POÈME EN HOMMAGE AUX CHATS

« Chatte blanche,
chatte sans taches,

Je te demande, dans ces vers,

Quel secret dort dans
tes yeux verts,

Quel sarcasme
sous ta moustache. (...)

Pourquoi cette sérénité ?

Aurais-tu la clé des problèmes

Qui nous font frissonnants
et blêmes,

Passer le printemps et l'été ?

Devant la mort qui nous menace,

Chats et gens, ton flair, plus subtil

Que notre savoir, te dit-il

Où va la beauté qui s'efface,

Où va la pensée, où s'en vont

Les défuntes splendeurs charnelles ?

Chatte, détourne tes prunelles ;

J'y trouve trop de noir au fond. »

CHARLES CROS,
LE COFFRET DE SANTAL,
À UNE CHATTE BLANCHE, 1873.

Êtes-vous à tendance chat Siamois ?

➡ Physique : taille moyenne. Fine ossature. Remuant. Raffiné dans ses déplacements. = ...

➡ Caractère : il a un maître unique. Observateur, mais actif. Dominant. Intérieur et extérieur. = ...

➡ Aspect pratique : moyenne activité sexuelle. Perd peu ses poils. Très miauleur. Pas facile d'entretien. = ...

Résultat

Jusqu'à 6, on supporte encore votre caractère « à part ».

Jusqu'à 9, seules les personnalités fortes vous tiennent tête.

Jusqu'à 12, vous êtes le chef ou la cheffe de famille, le patriarche ou la matriarche !

Êtes-vous à tendance chat Persan ?

➡ Physique : taille moyenne. Forte ossature. Boule de poils. Mouvements lents. = ...

➡ Caractère : très famille. Doux. Réservé. Peu aventureux. = ...

➡ Aspect pratique : bonne activité sexuelle. Perd bien ses poils. Peu miauleur. Difficile d'entretien. = ...

Résultat

Jusqu'à 6, vous avez le petit côté félin idéal, mais pas trop aventureux quand même.

Jusqu'à 9, vous êtes assez accroc au bien-être quotidien et montrez que vous êtes fragile.

Jusqu'à 12, il faut faire votre lit toutes les deux heures et vous brosser très régulièrement !

Êtes-vous à tendance chat Ragamuffin ?

➡ Physique : grande taille. Large ossature. Tout en souplesse. Mobile uniquement si nécessaire ! = ...

➡ Caractère : très famille. Doux. Très affectueux. L'aventure à la maison ! = ...

➡ Aspect pratique : bonne activité sexuelle. Perd bien ses poils. Peu miauleur. Demande de l'entretien. = ...

Résultat

Jusqu'à 6, vous êtes robuste et un peu douillet·te.
Jusqu'à 9, vous êtes une âme pacifique qui aimez les autres.
Jusqu'à 12, l'esprit casanier prédomine !

Êtes-vous à tendance chat Peterbald ?

➡ Physique : taille moyenne et sans poils. Fine ossature. Svelte. Fluide dans ses mouvements. = ...

➡ Caractère : très famille. Hyperactif. Pot de colle. Aventurier d'intérieur. = ...

➡ Aspect pratique : grande activité sexuelle. Ne perd pas de poils. Très miauleur. Très facile d'entretien. = ...

Résultat

Jusqu'à 6, vous êtes du genre excité et bavard.
Jusqu'à 9, vous êtes proche de l'hyperactivité et râleur·se.
Jusqu'à 12, vous êtes naturellement un trublion et cultivez votre différence !

PETIT POÈME EN HOMMAGE AUX CHATS

« Petit museau, petites dents,
Yeux qui n'étaient point trop ardents,

Mais desquels la prunelle perse
Imitait la couleur diverse

Qu'on voit en cet arc pluvieux
Qui se courbe au travers des cieux ;

La tête à la taille pareille,
Le col grasset, courte l'oreille,

Et dessous un nez ébénin,
Un petit mufle léonin,

Autour duquel était plantée
Une barbelette argentée

Armant d'un petit poil follet
Son musequin damoiselet ;

La gorge douillette et mignonne,
La queue longue à la guenonne,

Mouchetée diversement
D'un naturel bigarrement :

Tel fut Belaud, la gente bête
Qui des pieds jusques à la tête,

De telle beauté fut pourvu,
Que son pareil on n'a point vu. »

JOACHIM DU BELLAY,
DIVERS JEUX RUSTIQUES,
ÉPITAPHE D'UN CHAT, 1558.

Êtes-vous à tendance chat Sibérien ?

Physique : grande taille et poils mi-longs. Bonne ossature. Très Robuste. À pas mesurés ! = ...

Caractère : très famille. Sociable avec tous. Communicatif. Ami intérieur et extérieur. = ...

Aspect pratique : bonne activité sexuelle. Perd bien ses poils. Peu miauleur. Facile d'entretien. = ...

Résultat

Jusqu'à 6, vous êtes du genre trappeur mais plutôt sympa !

Jusqu'à 9, vous aimez être bien entouré·e et savez communiquer.

Jusqu'à 12, vous êtes le « bon camarade », la « personne cool du groupe » !

« Question confort, les chats sont de fins connaisseurs. »

JAMES HERRIOT

LE CHAVIEZ-VOUS ?

Maître Chat souhaite tester un peu vos connaissances, mais vous pouvez donner votre langue au chat !

À quoi correspond ce chiffre de 54,6 ?

Ma langue au chat : à des décibels et au record actuel du ronronnement le plus fort détenu par une chatte britannique Bella, qui passe ses journées à ronronner comme un chant de mantra !

Quel type de chat aimait particulièrement l'écrivain Ernest Hemingway (1899-1961) ?

Ma langue au chat : le chat polydactyle dont une ou plusieurs pattes ont plus de doigts, 6 ou 7 doigts au lieu de 5 (pattes avant) ou 4 (pattes arrière). Le Main Coon et le Pixie Bob sont souvent polydactyles. Cette anomalie génétique peut renforcer leur agilité !

Quel pays abrite le plus de chats ?

Ma langue au chat : les États-Unis avec plus de 70 millions de chats ! En France, le chat est le deuxième animal de compagnie avec pas loin de 15 millions de félins contre 7,6 millions de chiens, et serait le 5e pays dans le top 10 !

Quel oiseau miaule comme un chat ?

Ma langue au chat : le moqueur chat, que l'on trouve surtout au Canada, et qui sait s'il ne charrie pas notre ami félin en l'imitant !

Quelle est la lettre élue en 2024 pour trouver le nom de votre chat ?

Ma langue au chat : en 2024, il n'y aura pas qu'une seule lettre mais 5, les dernières lettres de l'alphabet V, W, X Y ou Z. Si ce ne sont pas les plus simples, le choix est plus vaste ! Il faudra surtout faire parler ce que votre compagnon félin vous inspirera...

Comment s'appelle la première « ronron librairie » en France ?

Ma langue au chat : Mon Chat Pitre ! Elle a été créée en 2021 à Aix-en-Provence par les journalistes Solène Chavanne et Jean-Philippe Doux. On peut y rencontrer les sept gardiens félins de ce temple trouvés dans des refuges : Tam, Plume, Colette, Garfield, Féfé, Marcel et Sherlock... et une sélection de livres spécialement dédiés aux chats !

À quoi correspond ce chiffre de 276 ?

Ma langue au chat : c'est le nombre recensé d'expressions faciales chez le chat (contre 27 chez le chien). Comment douter encore de la richesse de la vie intérieure de Maître Chat, poussant son compagnon humain à toujours chercher à percer ses mystères...

CONCLUSION

Les liens tissés entre Maître Chat et son compagnon humain n'ont cessé de s'accroître au fil des siècles.

C'est que Maître Chat continue de nous surprendre, de nous éveiller, de nous amuser, de nous apaiser, de nous apprendre, de nous attendrir, de nous fasciner… La vie intérieure de Maître Chat nous enrichit chaque jour et interroge encore : que se passe-t-il dans sa tête ? Comme le montrent, dans ce petit livre, les poèmes et écrits qui lui sont dédiés. Une chose est sûre, c'est qu'il est bien plus Chage que nous !

« De tous les animaux, seul le chat atteint une vie contemplative. »

ANDREW LANG

Direction de la publication :
Isabelle Jeuge-Maynart et Ghislaine Stora
Direction éditoriale : Émilie Franc
et Julie Martin
Direction artistique : Géraldine Lamy
Édition : Laure Sérullaz
assistée d'Audrey Libaud
Création maquette et mise en page :
Claire Morel Fatio
Couverture : Paul Godot
Fabrication : Laetitia Messadene

ISBN 978-2-03-607570-2

Imprimé en RPC
Dépôt légal : octobre 2024
337314/01 – 11056313 – juillet 2024